ENSINO DE LIBRAS A CRIANÇAS OUVINTES COMO SEGUNDA LÍNGUA E FATOR POSSÍVEL DE INCLUSÃO SOCIAL

Editora Appris Ltda.
1.ª Edição - Copyright© 2020 dos autores
Direitos de Edição Reservados à Editora Appris Ltda.

Nenhuma parte desta obra poderá ser utilizada indevidamente, sem estar de acordo com a Lei nº 9.610/98. Se incorreções forem encontradas, serão de exclusiva responsabilidade de seus organizadores. Foi realizado o Depósito Legal na Fundação Biblioteca Nacional, de acordo com as Leis nos 10.994, de 14/12/2004, e 12.192, de 14/01/2010.

Catalogação na Fonte
Elaborado por: Josefina A. S. Guedes
Bibliotecária CRB 9/870

R628e 2020	Roa, Maria Cristina Iglesias Ensino de libras a crianças ouvintes como segunda língua e fator possível de inclusão social / Maria Cristina Iglesias Roa. - 1. ed. – Curitiba: Appris, 2020. 61 p. ; 21 cm. – (Artêra). Inclui bibliografias ISBN 978-65-5523-164-9 1. Língua brasileira de sinais. 2.Inclusão social. I. Título. II. Série. CDD – 302.234

Livro de acordo com a normalização técnica da ABNT

Appris editora

Editora e Livraria Appris Ltda.
Av. Manoel Ribas, 2265 – Mercês
Curitiba/PR – CEP: 80810-002
Tel. (41) 3156 - 4731
www.editoraappris.com.br

Printed in Brazil
Impresso no Brasil

Maria Cristina Iglesias Roa

ENSINO DE LIBRAS A CRIANÇAS OUVINTES COMO SEGUNDA LÍNGUA E FATOR POSSÍVEL DE INCLUSÃO SOCIAL

FICHA TÉCNICA

EDITORIAL	Augusto V. de A. Coelho
	Marli Caetano
	Sara C. de Andrade Coelho
COMITÊ EDITORIAL	Andréa Barbosa Gouveia (UFPR)
	Jacques de Lima Ferreira (UP)
	Marilda Aparecida Behrens (PUCPR)
	Ana El Achkar (UNIVERSO/RJ)
	Conrado Moreira Mendes (PUC-MG)
	Eliete Correia dos Santos (UEPB)
	Fabiano Santos (UERJ/IESP)
	Francinete Fernandes de Sousa (UEPB)
	Francisco Carlos Duarte (PUCPR)
	Francisco de Assis (Fiam-Faam, SP, Brasil)
	Juliana Reichert Assunção Tonelli (UEL)
	Maria Aparecida Barbosa (USP)
	Maria Helena Zamora (PUC-Rio)
	Maria Margarida de Andrade (Umack)
	Roque Ismael da Costa Güllich (UFFS)
	Toni Reis (UFPR)
	Valdomiro de Oliveira (UFPR)
	Valério Brusamolin (IFPR)
ASSESSORIA EDITORIAL	Alana Cabral
REVISÃO	Cindy G. S. Luiz
PRODUÇÃO EDITORIAL	Lucas Andrade
	Gabriella C. L. de Saboya
DIAGRAMAÇÃO	Daniela Baumguertner
CAPA	Giuliano Ferraz
COMUNICAÇÃO	Carlos Eduardo Pereira
	Débora Nazário
	Kananda Ferreira
	Karla Pipolo Olegário
LIVRARIAS E EVENTOS	Estevão Misael
GERÊNCIA DE FINANÇAS	Selma Maria Fernandes do Valle
COORDENADORA COMERCIAL	Silvana Vicente

AGRADECIMENTOS

Do processo desta pesquisa, participaram inúmeras energias, amigos, professores, autores, família e tantos outros que me motivaram para este projeto. A maior força em todo o processo foi as crianças que participaram da pesquisa, que, com seu aprendizado, impulsionaram-me a ir sempre adiante. Aqueles sorrisos, aquelas mãozinhas querendo sinalizar, nada foi tão gratificante.

Meu agradecimento muito especial vai à minha cunhada, irmã, amiga de todas as horas, Sonia Regina Abdalla Iglesias, pela força, pelo carinho, pela paciência e dedicação ímpar em todos os momentos em que sempre precisei.

À minha mais querida orientadora, Prof.ª Dr.ª Maria Cecilia Sonzogno, por ter sempre me apoiado, sem sua dedicada orientação, não teria ido tão longe.

Aos meus colegas surdos que tanto me mostraram suas percepções de vida, dificuldades e desafios e pela paciência de me ensinarem a língua de sinais da qual sou sempre uma eterna aprendiz.

Aos professores do Cedess – Centro de Desenvolvimento do Ensino Superior em Saúde da Unifesp – Universidade Federal de São Paulo, pelo incentivo e dedicação no trajeto desta pesquisa, impulsionando o meu crescimento.

A língua universal que vossos eruditos buscaram em vão e da qual perderam a esperança está aqui: está bem diante de vossos olhos, é a mímica dos surdos pobres. Porque não a conheceis, vós a desprezais, e contudo somente ela vos dará a chave para todas as línguas.

Michel De L´Épee[1]

---

[1] O abade Michel De LÉpée assim encarou primeiramente a língua de sinais como uma futura língua universal (Lane, 1984, p.181 citado por SACKS, 1998) é destacado na história da educação dos surdos por ter reconhecido a necessidade de usar sinais como ponto de partida para o ensino do surdo.

APRESENTAÇÃO

O mestrado profissional desenvolvido desde o ano de 2003 pelo Centro de Desenvolvimento do Ensino Superior em Saúde da Universidade Federal de São Paulo – Unifesp privilegia as políticas públicas de saúde. Nossos alunos, de diferentes profissões, selecionam, planejam e executam propostas transformadoras no contexto do trabalho em Saúde.

Foi assim que Maria Cristina Iglesias Roa interessou-se, elaborou o projeto e executou a proposta do *Ensino de Libras a crianças ouvintes como segunda língua e fator possível de inclusão social*. Como se pode notar pela apresentação do manual, o projeto foi sendo construído com muita criatividade, sensibilidade e delicadeza, uma vez que estávamos trabalhando com crianças de 5 a 7 anos de idade e com a problemática da deficiência auditiva, em primeiro lugar, embora tenham sido abordadas as demais deficiências. Todas as atividades desenvolvidas foram bastante discutidas em sua essência e na forma como apresentá-las e para evitar choques ou confrontos desnecessários, procurando aproximar-nos do universo infantil.

Este trabalho atende aos requisitos da educação especial com a perspectiva inclusiva na medida em que planeja e desenvolve atividades próprias da educação infantil de forma a favorecer a interação entre as crianças com e sem deficiência nos diferentes ambientes, proporcionando a plena participação de todos. A articulação entre as áreas da educação infantil e da educação especial é condição indispensável para assegurar o atendimento das especificidades das crianças com deficiência.

Nesse contexto, a partir de brincadeiras multissensoriais, as crianças são instigadas a redescobrirem o mundo, assim como são introduzidas a estratégias de desenvolvimento da comunicação. Na perspectiva inclusiva, valoriza-se tanto a comunicação oral quanto a sinalizada e demais formas alternativas de expressão, levando as crianças a compartilharem meios diversificados de interação.

> A educação inclusiva diz respeito ao **direito de todos de participar e aprender em igualdade de condições.** Por isso exige a transformação da escola a partir do reconhecimento da diferença como um valor intrinsecamente humano e do direito de cada um ser como é. (BENDINELLI, 2018, s/p, grifo meu).

O manual ora apresentado tem como função identificar, elaborar e organizar recursos pedagógicos e de acessibilidade que eliminem barreiras para e pela participação dos estudantes, considerando suas necessidades específicas. Esperamos, também, que ele sirva como exemplo para novas propostas de sensibilização e aprendizagem em diferentes contextos educacionais.

Prof.ª Dr.ª Maria Cecilia Sonzogno

Psicopedagoga e Consultora Educacional

Sumário

PRIMEIRA AULA... 13
Orientações e apresentações

SEGUNDA AULA.. 14
Alfabeto Libras

TERCEIRA AULA.. 16
Sensibilização

QUARTA AULA... 18
Animais

QUINTA AULA.. 19
Sensibilização

SEXTA AULA.. 22
Cores

SÉTIMA AULA.. 23
Sensibilização / tato

OITAVA AULA.. 24
Sinal de batismo / cultura surda

NONA AULA 26
Histórias infantis

DÉCIMA AULA... 27
Números / verbos

DÉCIMA PRIMEIRA AULA.. 28
Revisão alfabeto, números e animais

DÉCIMA SEGUNDA AULA 30
Revisão alfabeto, número e animais

DÉCIMA TERCEIRA AULA.. 30
Sensibilização

DÉCIMA QUARTA AULA 32
Famílias e animais

DÉCIMA QUINTA AULA 33
Filmes em libras/dramatização

DÉCIMA SEXTA AULA 35
Dramatização

DÉCIMA SÉTIMA AULA 36
Materiais escolares

DÉCIMA OITAVA AULA 37
Casa, móveis e utensílios

DÉCIMA NONA AULA 38
Adjetivos

VIGÉSIMA AULA 40
Revisão adjetivos

VIGÉSIMA PRIMEIRA AULA 41
Revisão do conteúdo

VIGÉSIMA SEGUNDA AULA 43
Atividade do livro

VIGÉSIMA TERCEIRA AULA 44
Trabalho em grupo

VIGÉSIMA QUARTA AULA 46
Música infantil

TESTE ESCRITO / ORAL 47

CONCLUSÃO 59

REFERÊNCIAS 61

Primeira aula

Orientações e apresentações

- Apresentação da coordenadora e da professora;
- Orientações sobre o curso em geral;
- Apresentação dos alunos;
- Noções gerais sobre a língua de sinais, sobre as diferenças de etnia, cor, religião, cultura;
- Leitura de história infantil do Elmer, o Elefante xadrez;
- Discussão sobre as atitudes do Elmer com a classe;

Figura 1 – Diversidade

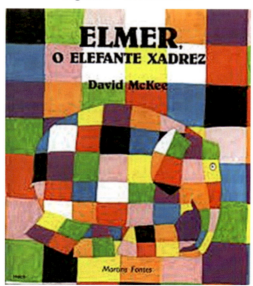

Fonte: MCKEE (2009)

13

- Mostrar fotos de crianças diferentes para que observem as diferenças;
- Trazer livrinhos em Braille, para observarem a escrita para cegos;
- Introduzir sinais como "menino" e "menina" e mostrar para os alunos quem é menino e quem é menina;
- Alfabeto em Libras;
- Pedir aos alunos que façam um desenho sobre o que eles observaram sobre as diferenças.

Segunda aula

Alfabeto Libras

- Revisão do **alfabeto manual** (trazer as letras plastificadas uma a uma em Libras), colocar o **alfabeto em lugar visível** para que eles encontrem o sinal das letras do seu nome;
- Fazer, primeiramente, o **alfabeto junto aos alunos**, depois, deixar que eles o façam sozinhos;
- Imprimir folha com todo o alfabeto manual e entregar para cada aluno, dessa maneira, eles podem **levar para casa e treinar**;
- Perguntar a cada aluno se já sabe **sinalizar seu nome** com ajuda da folha.

Figura 2 – Alfabeto manual

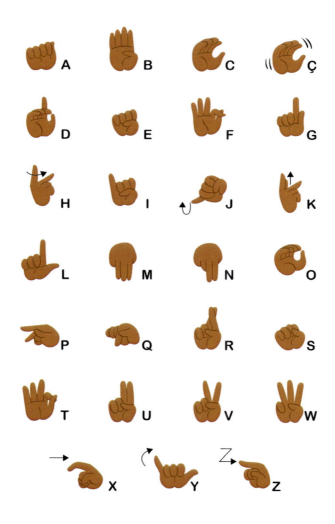

Fonte: MALAVAZZI (2019)

Terceira aula
Sensibilização

- Retomar ao **alfabeto** junto à classe;
- Fazer o alfabeto, agora, mais rápido, junto à classe;
- Caso alguns tenham mais dificuldade, pedir aos alunos mais experientes que ajudem os que têm dificuldade;
- Dividir a classe em duplas, de modo que um sinalize para seu par o respectivo nome;
- Após cinco a 10 minutos de treino, as duplas vão à frente da sala para sinalizarem seus nomes;
- Destinar os últimos 30 minutos da aula para a **sensibilização**.

Objetivo

Perceber **a sensação de não enxergar**. Sentir se há alterações de luminosidade, calor, barulho.

Desafio

Tentar andar pela sala de aula **vendado**, sem enxergar.

- Dividir a classe em duplas, e cada aluno de uma dupla usa uma **máscara** preta e, ao lado, vai o colega acompanhando;
- **Trocar a máscara** com o seu respectivo par, e dar a volta na sala de aula, sempre amparado por aquele que não está vendado;

- Discutir com a classe qual foi a sua **sensação**.

Figura 3 – Sensibilização

Fonte: Ilustração de Leonardo Malavazzi (2019)

Quarta aula
Animais

- Retomar, sempre que possível, com o **alfabeto**, junto à classe;

- Tema da aula: **Os Animais;**

- Dividir a classe em duplas e dar a cada dupla a **foto** de um animal (trazer os mais conhecidos);

- A professora ensina **o sinal de cada animal** de posse da dupla;

- Checar com os alunos **o sinal** de cada animal e, depois, sinalizar o animal errado para verificar se aprenderam os sinais corretos;

- Por exemplo: *ao ver o gato, fazer o sinal do cachorro e ver se os alunos percebem que está errado*;

- Mostrar o sinal de "**certo**" e "**errado**", de modo que eles já possam sinalizar se o que faz está correto ou não;

- Ensinar os verbos "**ter**" e "**gostar**", modo afirmativo e negativo, de modo que possam já fazer uma frase; Por exemplo: eu tenho um gato, eu não gosto de cachorro etc.

Figura 3 – Animais

Fonte: Ilustração de Leonardo Malavazzi (2019)

Quinta aula

Sensibilização

Iniciar com a sensibilização (30 minutos)

Pintura com a Boca

Material
- Pincel e guache colorido para cada aluno;
- **Folha de papel** com um desenho, por exemplo: coração;

- **Copo com água** para o pincel (cada dupla utiliza o mesmo copo de água).

Objetivo

Fazer com que entendam que há crianças que não possuem os membros superiores ou que talvez não consigam, por qualquer razão, movê-los e que, com a boca, podem fazer uso da pintura.

Depois conversar sobre **esse tema** com as crianças.

Desafio

Sem poder usar as mãos (as mãos têm que estar para trás do corpo);

Pegar o pincel com a boca, passar no guache e tentar pintar o coração sem sair do contorno.

Introduzir as cores

- Trazer um **palhaço** sem colorir, a professora vai ensinando as cores, e eles vão pintando. Cada aluno tem uma cópia do palhaço.

Figura 4 – Sensibilização pintura

Fonte: Ilustração de Leonardo Malavazzi (2019)

Sexta aula

Cores

- Trazer o **alfabeto** para os alunos;
- Trazer, dentro de uma sacola, **palavras** com no máximo duas sílabas. O aluno retira da sacola uma palavra e (soletra) faz a datilologia na frente da classe, e os colegas tentam adivinhar qual é a palavra;
- Depois, retomar **as cores** da aula anterior. Pode-se, nesse momento, introduzir novas cores.

Figura 5 – Cores

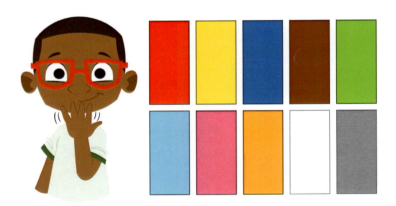

Fonte: Ilustração de Leonardo Malavazzi (2019)

Sétima aula

Sensibilização / tato

Iniciar com a sensibilização

Objetivo

Desenvolver o sentido do tato.

Desafio

Identificar, por meio do tato, as diferentes texturas.

- Trazer as **máscaras** e uma sacola com **materiais diferentes**, com diferentes texturas (lápis, borracha, clipe, corda, CD, fita adesiva, lã etc.);

- Dividir a classe em pequenos grupos de quatro. Alterna o tapa-olho, e o aluno tenta identificar qual material ele tem em mãos;

- Trazer novamente os livrinhos em **Braille**, de modo que fechem os olhos e sintam a escrita do Braille.

Oitava aula

Sinal de batismo /
cultura surda

- Foi dado **sinal de batismo** a cada aluno. Esse sinal é dado por uma pessoa surda e baseia-se numa característica da pessoa[2];

- Explicar- lhes o que esse sinal representa na **Cultura Surda**;

- Depois, cada um **mostra o seu sinal** e cada um faz o sinal do outro. Como em telefone sem fio, cada um vai sinalizando todos os sinais dos colegas.

Sensibilização

Levar meias e fita crepe. Levar blusas ou camisas que tenham botões.

Objetivo

Sensibilizar quanto à ausência ou à deficiência nos membros superiores. Explicar o papel do fisioterapeuta no fortalecimento dos músculos e o que há de novo em tecnologia para ajudar essas crianças.

---

[2] Nessa classe, os alunos tinham uma professora surda.

Desafio

Envolver as mãos das crianças com pé de meia e prender com a fita crepe.

- Vestir a blusa ou camisa e tentar abotoar o casaquinho. Assim, eles podem aprender e sentir como faz uma criança que não pode usar as mãos. Como os casaquinhos são coloridos, podem-se retomar as cores.

Figura 6 – Sensibilização membros superiores

Fonte: Ilustração de Leonardo Malavazzi (2019)

Nona aula

Histórias infantis

REPASSAR OS SINAIS DE CADA UM

- Trazer duas **histórias infantis**: por exemplo, os *Sete Camundongos Cegos* e *O Meu amigo Down da Rua*;
- Explicar o que é **Síndrome de Down** e, depois, ler a história;
- Na história dos *Sete Camundongos Cegos*, que as crianças adoram, é interessante trabalhar as cores, os dias da semana, os cinco sentidos e observar como os ratinhos usavam o **tato** para explorar a "coisa" que estava no lago.
- É bastante interessante que eles representem a história em sinais. A professora ensina os sinais, e eles tentam reproduzir. Nós os vestirmos com as cores dos sete ratinhos.

Figura 7 – História infantil

Fonte: YOUNG (2011)

Décima aula

Números / verbos

- Revisão dos **animais, cores** e iniciar com os **números** de 1 a 10;

- Trazer imagens, como por exemplo, um rato, dois porcos, três formigas etc.;

- Depois, as crianças retomam a representação dos *Sete Ratinhos Cegos*, de modo que todos possam participar.

Figura 8 – Números

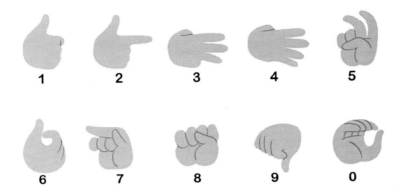

Fonte: Ilustração de Leonardo Malavazzi (2019)

Décima primeira aula

Revisão alfabeto,

números e animais

- Revisão dos **números** da aula anterior. Perguntar a idade de cada um. Os números foram confeccionados e plastificados conforme imagem anterior;
- Retomar a *história* dos *Sete Camundongos Cegos*, de modo que todos os que não participaram da vez anterior tenham vez também. O objetivo, nessa dramatização, é a de que eles desenvolvam a expressão corporal e facial em Libras para desinibir as crianças.

- Depois, entrar com os alimentos, junto aos verbos "**gostar**" e "**trocar**".

Exemplo

A professora pergunta: a – *quem **gosta** de camarão? Quem **não gosta** de manteiga?*

Levar fotos dos **alimentos** e entregar para cada criança.

Exemplo

A professora pergunta após ensinar o sinal de cada alimento:

*Quem tem a **batata frita**?*

*Quem tem o **peixe**?*

*Quem quer trocar o **arroz**?*

Introduzir, também, o sinal "**bom**" e "**ruim**" para relacionar com cada alimento. Pode-se, também, entrar com o sinal de "**igual**" e "**diferente**" para comparar as frutas.

Figura 9 – Alimentos

Fonte: Ilustração de Leonardo Malavazzi (2019)

Décima segunda aula

*Revisão alfabeto,
número e animais*

- Retomar o **alfabeto**, perguntando quem tinha nome começando com a letra A, B, C etc.;
- Também retomar os **números**, perguntando idade, qual mês e dia da semana os alunos estão naquele momento, revisar, também, os **animais** já vistos;

Décima terceira aula

Sensibilização

Aula teve início com a **sensibilização**

Objetivo

Essa atividade visa a identificar a **dificuldade** de localização, perda de noção de espaço e o uso do tato.

Desafio

Formam-se duas fileiras de alunos. Uma fileira de frente para a outra e distante. Venda-se o olho de todos os alunos participantes. Conta-se até cinco, e eles caminham cinco passos para frente. Tiram seus tênis com os olhos vendados e dão cinco passos para trás. As professoras de classe embaralham os tênis.

Depois, os alunos têm que encontrar, por meio do tato, seus tênis e vesti-los com os olhos vendados. [3]

Tema da aula

Família

- Ensinar as crianças o sinal dos membros de uma família;

- Dividir a classe em duas famílias;

- Família Silva e a família Lima. Confeccionamos papeizinhos coloridos com fotos de vovô, vovó, pai, mãe, tio, tia etc. Cada aluno representa seu papel na família. Foram ensinados 10 sinais de parentesco. Cada membro da família apresenta-se com seu sinal.

É interessante que eles tragam de casa fotos da família para mostrar na classe.

---

[3] Essa atividade é realizada nas aulas de Braille da Instituição Dorina Novill.

Figura 10 – Família

Fonte: Ilustração de Leonardo Malavazzi (2019)

Décima quarta aula

Famílias e animais

- Colar na lousa as fotos das **famílias** e cada aluno vai explicar quem é quem;

- Podem-se trazer também fotos dos **animais domésticos**;

- Formar com a classe **famílias** e **mostrar os sinais**;

Figura 11– Família

Fonte: Ilustração de Leonardo Malavazzi (2019)

Décima quinta aula

Filmes em Libras/ dramatização

- Trazer **filmes** com histórias infantis em **Libras**. Exemplos: *Patinho feio, Cachinhos Dourados, Cinderela, Três Porquinhos* etc. Esses filmes terão que ser **em Libras e com legenda**;

- Escolher os alunos que representarão a história para os colegas, pois eles adoram representar, e não há personagens para todos;
- Pode-se repetir a **dramatização** de modo com que todos possam participar. Essa atividade faz com que percam a inibição e, novamente, treinem a expressão facial e corporal.

Figura 12 – Dramatização

Fonte: Ilustração de Leonardo Malavazzi (2019)

Décima sexta aula

Dramatização

- Trazer e projetar **outros filmes infantis** e solicitar que os alunos representem em sala de aula.

Figura 14 – Dramatização

Fonte: Ilustração de Leonardo Malavazzi (2019)

Maria Cristina Iglesias Roa

Décima sétima aula

Materiais escolares

TEMA DA AULA

Materiais escolares

- Trazer **fotos** de diferentes materiais escolares e colocar na lousa. A professora ensina os sinais e, depois, um a um sinaliza para a classe.

Figura 14 – Materiais escolares

Fonte: Ilustração de Leonardo Malavazzi (2019)

Décima oitava aula

Casa, móveis e utensílios

- Trazer recortes com móveis e utensílios de cozinha (não coloridos), da sala e do quarto, sempre os mais conhecidos[4];
- A professora pode **desenhar uma casa** na lousa e fazer a simulação que está entrando e vai mostrando o que encontra. Depois, ela pergunta a cada um: – Você tem sofá na sala? Você tem ventilador no quarto?
- Depois, ela pergunta para toda a classe: – quem tem chuveiro em casa e quantos tem?

Figura 15 – Casa

Fonte: Ilustração de Leonardo Malavazzi (2019)

---
[4] A ideia de trazer em preto e branco é de que eles podem pintar depois ou até levar para casa e treinar.

Décima nona aula

Adjetivos

- A professora elabora uma **história infantil ilustrada**, inserindo os conteúdos já vistos em sala de aula. Na história, introduzir adjetivos, por exemplo: cachorro magro, árvore linda e alguns verbos, como cantar, passear etc.

Exemplo

João e Maria estavam em **casa brincando**.

Figura 16 – História infantil ilustrada

Fonte: Ilustração de Leonardo Malavazzi (2019)

O pai chamou os dois e pediu para que fossem à loja comprar: **laranjas** bem **grandes** para **comer** à tarde;

Figura 17 – Compras - Laranjas

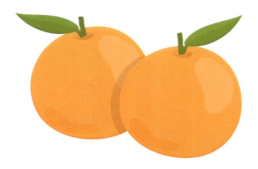

Fonte: Ilustração de Leonardo Malavazzi (2019)

Figura 18 – Compras – Lápis coloridos

Fonte: Ilustração de Leonardo Malavazzi (2019)

Quatro folhas de papel **rosa, etc.**

- Cada aluno recebe uma **cópia do texto**. Uma aluna voluntaria-se para ler enquanto a professora sinaliza. Assim, eles vão acompanhando e sinalizando. Depois, os voluntários sinalizam para a classe;

- Trazer imagens de **adjetivos**, como bonito/feio, alto/baixo, gordo/magro etc. A professora escolhe um aluno e logo pergunta para os outros como é esse aluno;

- Se é gordo(a), magro(a), careca, cabeludo etc.

Vigésima aula

Revisão adjetivos

Retomar os adjetivos. Igualmente, fixar na lousa imagens, como:

- Inteligente/burro, trabalhador/preguiçoso, alegre/triste, nervoso/calmo, preocupado/relaxado, magro/gordo;

- Um aluno na frente da classe sinaliza um amigo que está na sala de aula, a classe tenta que descobrir quem é o amigo e assim sucessivamente, até que todos tenham a chance de sinalizar um amigo.

Figura 19 – Adjetivos

Fonte: Ilustração de Leonardo Malavazzi (2019)

A seguir, ela pede para que os alunos venham descrever pessoas de sua família, ex: pai, mãe. Desse modo, todos descrevem seus familiares.

Vigésima primeira aula
Revisão do conteúdo

Revisão do conteúdo ministrado durante o ano letivo
- Trazer **atividades** extraídas do livro *Libras Fundamental*, os alunos podem fazer em duplas ou sozinhos;

- Trazer imagens de personagens conhecidos das histórias em quadrinhos, para que os alunos sinalizem, usando os adjetivos que aprenderam na aula anterior.

- Por exemplo: saci-pererê (a criança faz uma pessoa de cor negra, mostra a altura, com uma perna só, usa chapéu vermelho etc. até que a classe adivinhe quem é o personagem). Nessa atividade, a criança, com a ajuda da professora, precisa usar a imaginação ao representar o personagem.

Figura 20 – Personagem Saci-Pererê

Fonte: Ilustração de Leonardo Malavazzi (2019)

Vigésima segunda aula

Atividade do livro

Folha de **atividade do livro** Libras Fundamental. A folha tem uma imagem de um animal, com o nome do animal sinalizado com alfabeto manual, e os alunos escolhem a datilologia correspondente.

Figura 20 – Exercício

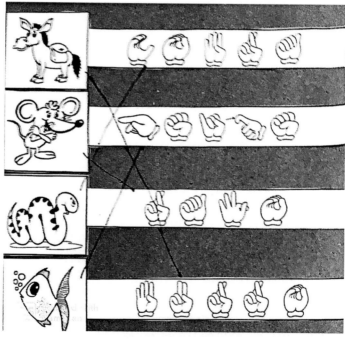

Fonte: CAMPELLO *et al.* (2008)

A seguir, a professora corrige oralmente e mostra o sinal de cada uma das **figuras** que está no papel. Depois, cada aluno sinaliza **seu animal**.

Vigésima terceira aula

Trabalho em grupo

- A atividade dessa aula consiste de uma folha de papel com uma **imagem de um animal** que eles já viram em sala de aula, a seguir, está o sinal, o nome do animal em datilologia e, a seguir, linhas para que escrevam o nome em português.

Figura 21 – Exercício em grupo

Fonte: CAMPELLO *et al.* (2008)

Divide-se, depois, a classe em **grupo de três alunos**;

- Essa atividade consiste em um **quebra-cabeça** em Libras;
- O desafio é montar o quebra-cabeça e colar numa cartolina;
- A cada grupo é entregue um envelope, que tem a figura de um menino sinalizando um animal, depois, outra figura com a foto de um animal e mais outra figura com a configuração da mão;
- O objetivo está em **colar na cartolina** corretamente as três figuras;
- Há uma figura que não corresponde.

Figura 22 – Quebra cabeça em Libras

Fonte: CAMPELLO *et al.* (2008)

Vigésima quarta aula

Música infantil

- Trazer uma **música infantil** e sinalizar. As crianças adoram músicas sinalizadas;
- Aqui, trouxemos a **música da D. Aranha**.

Revisão do conteúdo e aplicação de teste escrito, conforme exemplo a seguir.

Figura 24 – Música "dona aranha"

Fonte: MALAVAZZI (2019)

Teste escrito / oral

Foram aplicadas aos alunos três folhas com os exercícios já vistos em sala de aula.

Figura 24 – Exercício prova

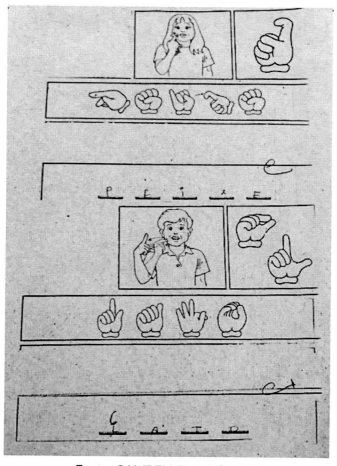

Fonte: CAMPELLO et al. (2008)

Figura 25 – Exercício prova

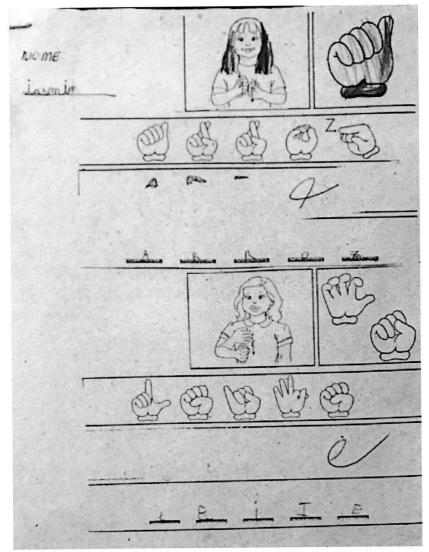

Fonte: CAMPELLO et al. (2008)

Figura 26 – Exemplo exercício prova

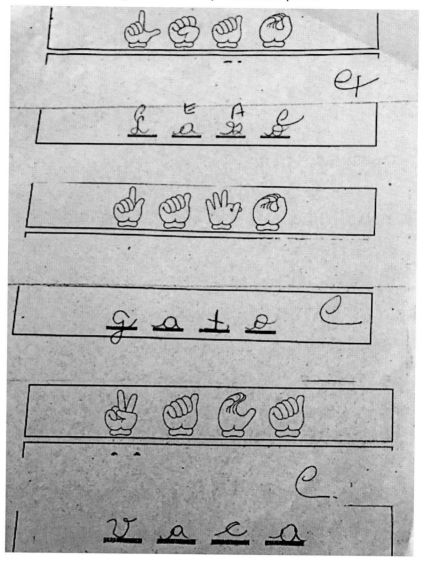

Fonte: CAMPELLO et al. (2008)

Teste oral

QUAL É O SEU NOME?

Fazer a criança sinalizar seu nome.

Caso ela não entenda, então, a professora faz o nome dela e, depois, pergunta o nome do aluno.

QUAL É O SEU SINAL?

A professora pergunta o sinal em Libras.

E, caso o aluno não entenda, então, fazer o sinal dela, o sinal da professora e, depois, perguntar o sinal do aluno.

QUANTOS ANOS VOCÊ TEM?

Perguntar a idade em Libras.

Caso o aluno não entenda, fazer a idade da professora e, depois, perguntar a idade do aluno.

Mostrar a cartela com números e pedir para que coloquem o número correspondente em Libras. Há um número sobrando (exemplo: o sinal do número seis e do número nove. Eles são iguais, porém muda a posição da mão).

Figura 27 – Exercício prova

Fonte: CAMPELLO *et al.* (2008)

Mostrar seis animais. Sinalizar e perguntar ou simplesmente pedir para sinalizar o animal.

- QUAL É O BURRO?
- QUAL É O RATO?
- QUAL É O PEIXE?

- QUAL É A TARTARUGA?
- QUAL É O CACHORRO?
- QUAL É O GATO?
- QUAL É A VACA?

Figura 28 – Exercício prova

Fonte: CAMPELLO *et al.* (2008)

Mostrar foto de família. Perguntar: QUEM É MÃE, PAI, FILHO, CACHORRO, VOVÔ;

Caso o aluno não entenda, sinalizar quem é o cachorro, o bebê e, depois, perguntar pela mãe, pelo pai ou filho.

Figura 29 – Exercício prova

Fonte: CAMPELLO *et al.* (2008)

Outra foto, dizer se é homem ou mulher;
    Caso não entenda, mostrar que você é mulher e, então, perguntar ao aluno.

Figura 31 – Exercício prova

Fonte: CAMPELLO et al. (2008)

Mostrar a foto de um palhaço e dizer cores. Pedir para que o aluno sinalize a cor que a professora mostrar.

Exemplo: ela mostra o nariz, e a professora pergunta que cor é aquela. Caso o aluno não entenda, dar um exemplo.

Figura 31 – Exercício prova

Fonte: CAMPELLO *et al.* (2008)

Mostrar a figura de uma mulher bonita/magra/gorda/feia;
 Perguntar se acha bonita ou se é feia, se é gorda ou magra.

Figura 32 – Exercício prova

Fonte: CAMPELLO *et al.* (2008)

[Minha surdez] ficou mais difícil de perceber porque desde o princípio meus olhos inconscientemente haviam começado a traduzir o movimento em som. Minha mãe passava parte do dia ao meu lado e eu entendia tudo o que ela dizia. Por que não? Sem saber, eu vinha lendo seus lábios a vida inteira. Quando ela falava eu parecia ouvir sua voz. Foi uma ilusão que persistiu mesmo depois de eu ficar sabendo que era uma ilusão. Meu pai, meu primo, todas as pessoas que eu conhecia conservavam vozes fantasmagóricas. Só me dei conta que eram imaginárias, projeções do hábito e da memória, depois de sair do hospital. Um dia estava conversando com meu primo, e ele, num momento de inspiração cobriu a boca com a mão enquanto falava. De uma vez por todas, compreendi que quando eu não podia ver eu não conseguia escutar.

(David Wright)

Conclusão

A língua de sinais, quando presente na infância, é uma intervenção duradoura e corrobora dados da literatura internacional, favorecendo o cognitivo dessa população. Vimos a escassez de materiais didáticos para o aprendizado de Libras para crianças ouvintes e esperamos que este manual incentive professores e pais a introduzir esse aprendizado já na primeira infância

Referente à sensibilização de algumas outras deficiências, sentimos que nossos alunos entenderam o porquê do ensino da língua de sinais, o que nos faz crer que o estranhamento e o descaso não estarão presentes no decorrer de suas vidas. A exposição à língua de sinais colocou-os em contato com outra cultura, com a cultura do outro, diminuindo, assim, qualquer discriminação possível a que uma criança está sujeita na escola, desenvolvendo atitudes de respeito e, dessa forma, aprendendo a viver juntos.

Maria Cristina Iglesias

Referências

BENDINELLI, Rosanna Claudia. **Atendimento educacional especializado (AEE)**: pressupostos e desafios. Instituto Rodrigo Mendes, 6 jul. 2018. Disponível em: https://diversa.org.br/artigos/atendimento-educacional-especializado-pressupostos-desafios/. Acesso em: 16 jan. 2020.

CAMPELLO, Ana Regina *et al*. **Libras Fundamental:** livro didático de língua de sinais brasileira para crianças e adultos, surdos ou ouvintes. Rio de Janeiro: LSB Vídeo, 2008.

MCKEE, David. **Elmer,** o elefante xadrez. São Paulo: Martins Fontes, 2009.

YOUNG, Ed. **Sete camundongos cegos**. São Paulo: Martins Fontes, 2011.